GERTRUD SCHRÖDER - LONG PING

# POKOJOWY SMOK

# SIŁA
# CZTERECH
# ZWIERZĄT

STOSOWANIE QIGONG

## TEORIA I PRAKTYKA QIGONG DANCINGA

**Pierwsze wydanie**

**Wydawca:** Long Ping - Friedlicher Drache (Pokojowy Smok)
**Autor:** Gertrud Schröder
**Zdjęcie obwoluty:** Jana Wippermann
**Obwoluta:** pepworx.de(sign)
**Produkcja i wydawnictwo:** BoD - Books on Demand, Norderstedt
**ISBN:** 9783752805352

**Więcej informatcji i kontakt:**
www.friedlicherdrache.de | info@friedlicherdrache.de

# TREŚC

# WPROWADZENIE

*Organizacja mojego życia składa się z następujących elementów: przeżywania, odkrywania, uczenia i rozwijania się przez ruch. Są to podstawy mojej techniki. Serdecznie zapraszam czytelnika na wyprawę odkrywczą. Będzie to podróż w której towarzyszą nam obrazy zwierząt: niedźwiedzia, żurawia, tygrysa i węża. Poznamy nowe metody które wprawią nas w ruch. Impulsy zmotywują was do czynnego udziału, dokładnego przyglądania się, aktywności, nabrania doświadczenia aby z odpowiedzialnością weszło to wam w nawyk.*

*Razem z Thomasem Brendelem, wywoływać treningu do rozwiązania konfliktu („Affektkontrolltraining"), opracowaliśmy wielowarstwową technikę szkolenia opanowania, która ma służyć wewnętrznej i zewnętrznej orientacji w świecie. W tym czasie to szkolenie było wdrożone w wielu miejscach w szerokim zakresie: w stowarzyszeniach pomocy dla dzieci i młodziezy, sytuacjach kryzysowych, rehabilitacji, psychiatrii, sądownictwie, Instytucji Kuratora Sądowowego, psychoterapii, edukacji doroslych, placówkach dzienniej opieki dla dzieci, szkołach oraz w szkołach specjalnych.*

*Te cztery „obrazy zwierząt" otworzą wam dostęp do zasadniczych tematów i wyzwolą impuls zgodny z rytmem życia do rozwoju własnego. Warunkiem jest gotowość do ciekawego przyglądania się i badań. Pytania mają „poruszyć" i pobudzić do działania.*

*Jaki jest mój punkt widzenia? (niedźwiedź)*
*Do jakiego celu dążę? (żuraw)*
*Jak narzucić moją wolę ? (tygrys)*
*Kiedy i jak się dostosować ? (wąż)*


*Gertrud Schröder*

# POCZĄTEK I ROZWÓJ
## MÓJ ŻYCIORYS

Przed 40 latami poszukiwałam nowych metod, stylu życia, szukałam sama siebie. Byl to czas mojego wewnętrznego przebudzenia , wyzwolenia ze starych nawyków i rozbudowy mojej świadomości. Siłą, która mnie napędzała byla ciekawość. Ciągnęło mnie do Berlina, do wolności i samodzielności. W tym dużym mieście poznałam różne strony życia, również te złe.

W kolejnych latach pracowałam w różnych obszarach zawodowych. Zdobyłam zawód i podróżowałam do 30 lat, kiedy znowu wróciłam do trenowania sztuk walki. To zapoczątkowało nowy etap mojego życia.

Przy inicjacji w  Świątyni  Zen „La Gendronnière" we Francji, otrzymałam nazwę „Pokojowego Smoka". Temu miejscu zostałam wierna i to tam rozwinęła się  tradycja dorocznych wiosennych spotkań seminaryjnych, aby w tym miejscu  trenować ducha Zen.

Tak rozkwitł Qigong Dancing na podłożu moich doświadczeń z Zen, Kungfu, Tai - chi, Qigong, ponadto do tego dołączyły zabawy z zwierząt z Qigong Yangsheng i taniec.

Przy tym wybrałam (zastąpiłam) cztery typy zwierzęce (niedźwiedzia, żurawia, tygrysa i węża) z pięciu chińskich stylów zwierzęcych (niedźwiedzia, jelenia, małpy, żurawia i  tygrysa), ponieważ najlepiej potrafiłam je razem powiązać z teorią elementów.

System czterech zwierząt jest dla mnie uniwersalnym sposobem na życie.

## IDEA QIGONG DANCINGA

Po wielu latach doświadczeń ze sztukami walk zajęłam się filozofią wschodu. Po namyśle, zdecydowałam się na korzenie kultury europejskiej , poszukiwalam obrazów dla ludzi, którzy znają kulturę zachodu. Zdecydowałam się na powiązanie ideii czterech obrazów zwierząt ze wschodnimi elementami nauki. Z różnorodności azjatyckich skojarzeń zwierzęcych najbardziej nadają się : niedźwiedź, żuraw, tygrys i wąż. Te pobudzają bezpośrednio wewnętrzne obrazy i rozwijają się w cale kaskady skojarzeń.

We wszystkich kulturach naśladuje się wybrane przez ludzi zwierzęta, aby czerpać z nich sily. Kult zwierząt istniał juz w czasach ludzi pierwotnych. Ludzie pierwotni czcili swoje zwierzęta, ich silę i stawiali ich totemy. W pierwotnych legendach i opowiadaniach nadawano zwierzętom ludzkie cechy.

Te cztery obrazy zwierząt, które występują w Qigong Dancing, oznaczają fundamentalne jakości takie jak : uziemienie, ustawienie, obecność i ruchliwość.

Niedźwiedź wywołuje jako pluszowa zabawka wspomnienia z dzieciństwa a wyraz „misia jama" otwiera umysł na obrazy bezpieczeństwa, ale też na obawę przed ciasnotą.
Żuraw przedstawia wdzięk i elegancję. Zasadą żurawia jest udanie się z zaciekawieniem w drogę , co oznacza przebudzenie się i odkrywanie nowości.

Tygrys reprezentuje witalność i siłę. Asertywność tygrysa znajduje się w każdej wyzywającej sytuacji.
Wąż jest zręczny i zdolny do zmian, ale wywołuje również obawę przed nieobliczalnością. W kulturze chrześcijańskiej wąż symbolizuje zalotnicę.

Te cztery zwierzęta przedstawiają podstawę metody Qigong Dancing, która uświadomi wzajemne oddziaływanie między postawą i duchowym odczuwaniem.

Wyznaczone style Qigonga są punktem wyjścia do ćwiczeń. Style dadzą struktury, stabilność, bezpieczeństwo, pobudzą i wesprą w taki sposób spokój i koncentrację. Osoba ćwicząca znajduje swój własny wyraz do następnego rozwiązywania stylu, do swobodnych ruchów, a wyraz ten znów odbija się później w stylu.

Przez analogie, które dotyczą codzienności, ćwiczenia akompaniują postęp spotkania z samym sobą i innymi a w ten sposób „stosowany Qigong" jest zgodny z konkretną realizacją we własnych odniesieniach w codzienności.

Każdy praktykujący ma możliwość wprowadzenia swojego charakteru do Qigong Dancing i rozwinięcia swojej osobowości.
Zabezpieczona rama jest dobrym warunkiem aby zagłębiać się i brać udział w czymś.

# KOMPLEKSOWY SYSTEM SKŁADAJACY SIĘ Z CZTERECH ELEMENTÓW

| POZIOM SENSOMOTO- RYCZNY | POZIOM DUCHOWY | POZIOM POZNAWCZY | POZIOM EMOCJONALNY |
|---|---|---|---|
| **NIEDŹWIEDŹ** | ŻURAW | **TYGRYS** | **WĄŻ** |
| ZIEMIA | POWIETRZE | OGIEŃ | WODA |
| DOŚWIADCZANIE ŚWIATA | ODKRYWANIE ŚWIATA | ODKRYWANIE ŚWIATA | OBEJMOWANIE ŚWIATA |
| STABILNOŚĆ | ORIENTACJA | POSTAWIENIE NA SWOIM | IINTEGRACJA |
| OPANOWANIE | WDZIĘK | DZIKOŚĆ | ZDOLNOŚĆ DO MIŁOŚCI |
| ZAUFANIE | ŁATWOŚĆ | SIŁA CZYNNU | ZDOLNOŚĆ DO ZMIAN |
| SERDECZNOŚĆ | CZUJNOŚĆ | OBRONNOŚĆ | OBROTNOŚĆ |
| WŁASNA ASOCJACJA | WŁASNA ASOCJACJA | IWŁASNA ASOCJACJA | WŁASNA ASOCJACJA |

Tabela pokazuje przydzielenie czterech poziomów komunikacji :
- sensomotoryka, duchowość, doświadczanie (kognicja) i emocja
- do czterech obrazów zwierząt, do czterech elementów i za każdym razem możliwej asocjacji. Izolowana obserwacja osobnych poziomów ułatwia zrozumienie interakcji całości.
W tabeli można rozszerzyć własne wpisy.

熊

書扵一九九年

四月

中國 山東省

濟南市時年

七十五歲逸叟

馬文寬

Niedźwiedź oznacza stabilność i solidarność z ziemią.

Wewnętrzny spokój

# NIEDŹWIEDŹ

Niedźwiedź symbolizuje połączenie z ziemią. Dzięki niemu doświadczamy uziemienia, stabilności, spokoju i relaksu. Możemy się naszej ziemi powierzyć (oddać się), abyśmy czerpali z niej siłę.

Ćwiczenia niedźwiedzia wzmacniają zarówno własne centrum jak i ruch oraz
działanie od środka. Poprzez obraz niedźwiedzia uczymy się stać w życiu na obu nogach i nas ciągle stabilizować.
W czasach kryzysu odnalezienie bezpieczeństwa, ojczyzny którą nosi się w sobie (wewnętrznej ojczyzny) to dobre kotwice.

Niedźwiedź symbolizuje siłę. Ale jest również gruboskórny i nie pozwoli sobą manipulować.
Jeśli uzna coś za konieczne, to zrobi wszystko żeby to osiągnąć.


**ARCHETYPICZNE ASPEKTY**
Niedźwiedzowi przydzielamy kobiecy archetyp matki niedźwiedzicy, czyli zasadę odżywiania i niezawodności. W języku angielskim mówi się „to bear a child": „rodzić dziecko". W negatywnym aspekcie jest to „kwoka", dominująca i zaborcza matka. Męską zasadę symbolizuje król, opiekun, który ochrania. W negatywnym aspekcie jest to tyran.

## PYTANIA KTÓRE MOŻNA ZADAĆ W Z WIĄZKUZ NIEDŹWIEDZIEM :

- jak dbam o siebie?
- kto albo co mnie stabilizuje?
- gdzie mam moją jamę ?
- gdzie znajdę bezpieczeństwo ?
- do czego/kogo mogę mieć zaufanie?
- jakie znaczenie dla mnie ma uziemienie?

## KTÓRE ASPEKTY MOŻNA INTEGROWAĆ DO CODZI-
## ENNEGO ŻYCIA

- stąpać twardo po ziemi
- stabilność i bezpieczeństwo
- wytrwałość, cierpliwość i upór
- silne centrum pomaga sprostać codziennym wymaganiom z lepszym
  opanowaniem

## TECHNIKI I ĆWICZENIA:

Potężne i miękkie techniki sztuk walki można trenować ze skojarzeniami z niedźwiedziem. Są to zapasy i boks, a także poddawanie i stabi-
lizowanie.

*Paula, 10 lat*
*Niedźwiedź przedstawia element ziemi i solidną podstawę. Na pierwszy rzut oka jego ruchy wydają się niezgrabne, ale są one pełne siły i mocy. Niedźwiedź ma bardzo silną pewność siebie. On wie, czego chce. Ruchy niedźwiedzia w Kungfu pochodzą z naturalnego trybu życia niedźwiedzia.*

# NIEDŹWIEDŹ : ĆWICZENIA DO WYKONYWANIA

## PODSTAWOWA POSTAWA: MUDRA NIEDŹWIEDZIA

- Dłonie formują luźne puste pięści przed podbrzuszem, „Bawełniane Pięści" i delikatnie otaczają centra dłoni. W tej swobodnej postawie przenosi się myśli w kierunku centrum brzucha, wyczuwa się i oddycha się równomiernie.
- aktywujemy łuki stóp
- obniżamy środek ciężkości, aktywujemy mięśnie brzucha

## ĆWICZENIE NIEDŹWIEDZIA: PIĘŚĆ NIEDŹWIEDZIA

- Pozycja wyjściowa: Mudra niedźwiedzia
- Lewą pięścią opisać półokrąg od zewnątrz do wewnątrz, aż do wysokości podbródka. Otwieramy pięść i przesuwamy delikatnym ruchem dłoń powoli wzdłuż linii środkowej ciała w dół przed podbrzuszem.
- Obie strony ćwiczone są na przemiennie.
- Oddech jest równomierny i spokojny. Prędkość można zwiększyć zgodnie z wymaganiami lub intencją ćwiczenia (wyobraźnia, wewnętrzne obrazy)
- Podnosząc ramiona, łopatka barkowa pozostaje w dół.

ĆWICZENIE QIGONG
NIEDŹWIEDŹ
YOUTUBE (FILM WIDEO)

## IMPULSY DO WEWNĘTRZNEGO WIDZENIA:

Wewnętrzny spokój - siła i spokój - dbaj o siebie. Niedźwiedź stoi stabilnie. On pokazuje swoją siłę i potrafi się bronić. Wyobrażenie sobie niedźwiedzia pomaga poczuć ziemię pod stopami. Co daje mi stabilność? Rozglądam się dookoła, odpoczywam wewnętrznie i idę w życie z godnością i spokojem. Jaskinia niedźwiedzia symbolizuje możliwość do odwrotu: W tej jaskini poczuję się swobodnie, choć jestem świadomy, że może przekształcić się wytrzymałość w sztywność, a bezpieczeństwo w lenistwo.

鶴

中國山東省　一九九九年　書　於
濟南市晞辛　四月
七十五歲逸叟
馬文寬

Powietrze, rozległość i lekkość, to są cechy żurawia.

Otwartość na spotkania

# ŻURAW

Żuraw oznacza przebudzenie i nowy początek.

W locie żurawia otwierają się „nowe horyzonty", poprzez nowy widok powstają perspektywy, które są możliwe. Jego postawa wyprostowana pomaga wyostrzyć spojrzenie na istotne rzeczy.

Ćwiczenia żurawia poszerzają nasze możliwości przez rozwijanie wizji, otwieranie nowych przestrzeni i promowanie gotowości aby się wybierać na nowe szlaki . Sytuacje można oglądać z dystansu. Z jednej strony żuraw jest pełen piękna i lekkości, ale jest również gotowy do twardego uderzenia skrzydłami lub ukłucia dziobem.

**ARCHETYPICZNE ASPEKTY**
W archetypie żeńskim kojarzymy żurawia z uzdrowicielką, mądrą kobietą. W micie jest to również czarownica, tak zwana „wiedźma", kobieta która spogląda z „Hagiem" w inne światy. Jej nieodłączne siły mogą być używane dla dobra lub dla zła. Archetypem męskim żurawia jest czarodziej lub czarny magik.

**PYTANIA KTÓRE MOŻNA ZADAĆ W ZWIĄZKU Z ŻURAWIEM :**

- Jak dokładnie powinien wyglądać mój cel?
- Co chcę zmienić?
- Jakie ryzyka wiążą się z widokiem?
- Kiedy mam używać spojrzenia ostrego, a kiedy miękkiego?

## KTÓRE ASPEKTY MOŻNA INTEGROWAĆ DO CODZI-ENNEGO ŻYCIA:

- poszerzanie perspektyw i myślenie przewidujące
- czujność i zdolność do równowagi
- wybieranie nowych dróg, planowanie celów
- zmiana perspektywy
- poznanie własnych granic, ale także wyznaczenie tych granic

## TECHNIKI I ĆWICZENIA:

Trudne i miękkie techniki sztuk walki można trenować ze skojarzeniami z żurawiem. Szerokie, wahadłowe ruchy ramion tworzą dystans. Techniki z kijem i nożem symbolizują szpiczasty dziób.

*Mia, 10 lat*
*Żuraw jest stabilny i wolny. Ruchy żurawia są pełne lekkości. Żuraw
stoi stabilnie na jednej nodze z doskonałą równowagą. Przy pomocy
ćwiczeń żurawia znajdziemy odpoczynek. Z szybkimi ruchami obron-
nymi, które są podobne do zachowań żurawia, trzymamy przeciwni-
ka z dala od siebie na dystans.*

# ŻURAW : ĆWICZENIA DO WYKONYWANIA

## PODSTAWOWA POSTAWA: MUDRA ŻURAWIA

- Pozycja wyjściowa : pozycja stojąca na szerokości ramion, stopy są lekko skręcone na zewnątrz
- Wyprostowany kręgosłup, najwyższy wierzchołek jest „otwarty " do góry
- Ramiona tworzą bocznie łuk, łokcie skierowane dół, palce są lekko wyprostowane, dłonie są otwarte do przodu.

## ĆWICZENIE ŻURAWIA: SKRZYDŁA ŻURAWIA

- Pozycja wyjściowa: równoległa pozycja stojąca w szerokości ramion, stopy są lekko skręcone na zewnątrz
- Ręce są złożone przed podbrzuszem.
- Ramiona są bocznie otwarte, przy tym prowadzone są dłonie od grzbietu dłoni na bok, ramiona formują delikatny łuk na zewnątrz.
- Powoli odprowadza się dłonie przed podbrzuszem.
- Oddech akompaniuje ruch.

ĆWICZENIE QIGONG
ŻURAW
YouTube (film wideo)

## IMPULSY DO WEWNĘTRZNEGO WIDZENIA:

Urocza piękność - przejrzystość i dalekowzroczność – taki mamy cel przed oczami. Żuraw otwiera i rozwija się. Szerokimi skrzydłami pokazuje elegancję i lekkość. Z obrazem żurawia pozwalam na nowe impulsy, które akceptuję. Jak dokładnie powinien wyglądać mój cel ? Udam się w drogę, jestem gotów aby odkrywać nowości. Znam moje cele i dążę do ich realizacji . Odgraniczając się dojrzewam i uruchamiam moją ciekawość na nowe cele i obce miejsca, choć jestem świadomy, że mogą mnie spotkać niebezpieczeństwa i przeszkody podczas mojej podróży.

Ogień, dynamika i żywotność symbolizują tygrysa.

Wyraźne działanie

# TYGRYS

Elementem tygrysa jest ogień. Tygrys oznacza obecność oraz wyraźne i precyzyjne działanie. On ucieleśnia pewność siebie i postawi  stanowczo na swoim. Każde jego działanie jest jasne i bezpośrednie.

Cechy które kojarzymy z tygrysem to siła czynu i odwaga, które pomagają mu przejść przez trudne warunki życiowe. Jego wady to bezwzględne zachowania  i nadużywanie władzy.
Niszczycielskie wybuchy złości uzupełniają obraz tygrysa.

**ARCHETYPICZNE ASPEKTY**
Tygrys to żeński archetyp Amazonki. Ona oznacza autonomiczną siłę kobiecości. Jej ciemna strona -jako niszczycielka, oznacza zemstę i zniszczenie.

Archetyp męski to wojownik, który się z odwagą i zdecydowaniem wstawi się za sprawę. Natomiast dla najemnika nie ma znaczenia, któremu panowi służy.

**PYTANIA KTÓRE MOŻNA ZADAĆ W ZWIĄZKU Z TY-GRYSEM :**

- Co musi się zdarzyć, abym się bronił ?
- Kiedy pokazuję zęby i pazury ?
- Jestem gotowy do walki ?
- Jak mogę postawić na swoim ?
- O co warto walczyć ?
- Kiedy przemoc jest dla mnie rozwiązaniem ?

## KTÓRE ASPEKTY MOŻNA INTEGROWAĆ DO CODZI-ENNEGO ŻYCIA:

- Siła, władza i odwaga
- Suwerenność, silne zachowanie
- Siła czynu, zdecydowanie
- Asertywność, zdolność radzenia sobie z konfliktami
- Gotowość do podjęcia ryzyka

## TECHNIKI I ĆWICZENIA:

Silne techniki ze sztuki walk uczą, jeśli to konieczne, walcz zębami i pazurami, ale także bądź delikatnym i cichym oraz kiedy trzeba musisz potrafić się czaić .

Fin, 11 lat

*Tygrys potrafi szybko chwyctać, ale i również cofać łapy . W Kung-fu tygrys jest też znany jako rozjemca przy kłótniach i sporach. Jest silny, ale ingeruje tylko jeśli to koniecznie . Element ognia pasuje do jego silnego ruchu. W Kungfu można się od niego wiele nauczyć.*

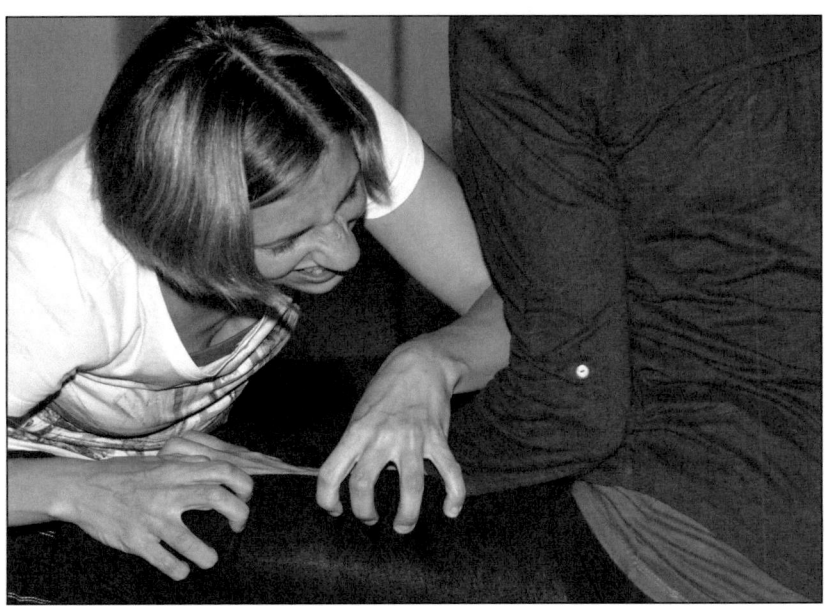

# TYGRYS : ĆWICZENIA DO WYKONYWANIA

## PODSTAWOWA POSTAWA: MUDRA TYGRYSA

- Pozycja wyjściowa: pozycja na jeźdzca lub szeroka pozycja stojąca, należy obniżyć środek ciężkości
- Plecy są wyprostowane.
- Ramiona formują łuk do przodu.
- Ręce są skierowane w dół przed podbrzuszem a dłonie formują palcami łapę tygrysa
- Wzrok jest kierowany prosto

### *ĆWICZENIE TYGRYSA: PAZUR TYGRYSA*

- Pozycja wyjściowa: równoległa szeroka pozycja stojąca
- Ręce są skierowane w dół przed podbrzuszem i formują dłońmi łapę tygrysa. Dłoń jest miękka, palce są lekko rozstawione i formują lekki łuk, czubki palców symbolizują pazury.
- Prowadząc je do łuku żebrowego, ręce formują pięści, grzbiety dłoni skierowane są do dołu. Otwieramy prawą pięść, formujemy łapę tygrysa, dłonie powoli prowadzimy przed ciałem świdrowatymi ruchami, ramona są wyprostowane.
- Zaczynamy od boku małego palca i ruchem obrotowym do wewnątrz, zamykamy dłoń znowu w pięść i powoli prowadzimy ją z powrotem.

ĆWICZENIE QIGONG
TYGRYS
YOUTUBE (FILM WIDEO)

## IMPULSY DO WEWNĘTRZNEGO WIDZENIA:

Precyzyjne działanie - gotowość do walki - siła czynnu

The tiger asserts himself, he knows precisely the things which are worth
Tygrys postawi na swoim, on wie o co warto walczyć i działa, jeśli to
konieczne szybko i precyzyjnie. Siła czynnu i odwaga, ostrzenie pazu-
rów i chwytanie to cechy które wiążemy z obrazem tygrysa. Potrafić
popatrzyć precyzyjne TAK i NIE i być gotowym do akcji tu i teraz. Za co
warto walczyć? Doceniam, że go mam po mojej stronie, choć wiem, że
ma moc , także moc niszczenia.

書於
一九九年
四月
中國 山東省
濟南市
逸叟
七十五歲
馬文寬

Wąż z jego ruchliwością i zdolnościami dostosowana się,
kojarzony jest wodą

Gotowy do zmiany

# WĄŻ

Symbol węża oznacza zasadę zmiany. Zjednoczenie przeciwieństw „umierać i odradzać się", tu można tego bezpośrednio doświadczyć.

Cechy takie jak ruchliwość i zdolność dostosowania są przypisywane wężowi. Dostosowuje się on do jego otoczenia i dlatego potrafi też przeżyć w zmieniających się warunkach. Jego giętkości można doświadczać poprzez ruch. Jego zdolność do zrzucania skóry oznacza rozwój wewnętrzny i zewnętrzny, zmianę i odrodzenie.

## ARCHETYPICZNE ASPEKTY

Z wężem kojarzymy archetyp uwodzicielki.
W ciemnym aspekcie jest to dziwka, a ciało jest uważane za towar.

W jasnym aspekcie jest to archetyp kochanka, co oznacza podziw kobiety, podczas gdy sutener sprzedaje towar 'kobietę'.

## PYTANIA KTÓRE MOŻNA ZADAĆ W ZWIĄZKU Z WĘŻEM:

- Czy jestem giętki ?
- Czy jestem ruchliwy ?
- Czy jestem gotowy do dostosowania ?
- Jak mogę się chronić, jeśli jestem nadwrażliwy i drażliwy ?
- Dla kogo tańczę ?
- Czy grzechotanie jest moim rzemiosłem ?
- Co oznaczają dla mnie zmysłowość i przyjemne działanie?

## KTÓRE ASPEKTY MOŻNA INTEGROWAĆ DO CODZI-
## ENNEGO ŻYCIA:

- Giętkość
- Bezwarunkowość
- Odrzucenie starych przyzwyczajeń i przygotowanie się do nowego
- Radość życia
- Pokusa

## TECHNIKI I ĆWICZENIA:

Techniki sztuk , które ćwiczone są z obrazem węża zawierają silne obej-
mowanie i ściskanie, ale również giętkie omijanie i puszczanie.

*Liam, 10 lat*

*Wąż reprezentuje element wody. On jest szybki, giętki i zręczny. Chodzi o to aby rozpoznawać nowe drogi .W razie niebezpieczeństwa potrafi szybko ominąć zagrożenie i zostaje zawsze spokojny. Jego ruchy są równomierne jak fale w wodzie. Jest silny, ale też ostrożny. Myśli samodzielnie i robi tylko to, co uważa za słuszne.*

# WĄŻ : ĆWICZENIA DO WYKONYWANIA

## PODSTAWOWA POSTAWA: MUDRA WĘŻA

- Pozycja wyjściowa: stopy są blisko siebie,
- Ciało jest wyprostowane
- Łączymy dłonie przed środkiem mostka.

## ĆWICZENIE WĘŻA: RĘCE WĘŻA

- Pozycja wyjściowa: stopy są blisko siebie
- Dłonie są połączone przed mostkiem, czubki palców skierowane są do góry
- Zaczynając od miednicy odbywa się ruch falisty w prawo i w lewo zawsze w bok
- Ręce opisują przeciwbieżny ruch fali, palce prowadzą, głowa pozostaje w pozycji wyprostowanej
- Dolna dłoń podtrzymuje górną dłoń

ĆWICZENIE QIGONG
WĄŻ
YouTube (film wideo)

## IMPULSY DO WEWNĘTRZNEGO WIDZENIA:

### Giętkie ruchy - adaptacja i transformacja -łączenie przeciwieństw

Wąż symbolizuje gotowość do zmiany, do odrzucenia starych przyzwyczajeń i przygotowanie się do pokonywania nowych ścieżek. Zagrożenia i próby to bolesne zrzucanie skóry i panowanie nad życiem w nowej skórze - to los i szansa dla węża. Jaki balast chcę zrzucić? Ruchliwość ciała i duszy pozwala mi gładko radzić sobie z niepowodzeniami w życiu i zręcznie ciężkie sytuacje pokonywać. Czy jestem giętki ? Potrafię dostosować się do nowych sytuacji? Radość ze zmysłowego odczuwania i działania uwalnia mnie od niezadowolenia i innych przeszkadzających komplikacji, choć dobrze wiem że muszę uważać na niebezpieczną siłę, która może mnie wciągnąć w kłopoty, ta siła to podatność na wpływy.

# TANIEC Z ENERGIĄ ŻYCIOWĄ

Taniec jest ruchem i uzdrawiającym rytualem , który jest głęboko zakotwiczony w naszych doświadczeniach i zwyczajach..Ruch jest jak rozwijający się język. Taniec zawsze był częścią życia świętego i kulturalnego. Formy tańca zmieniają się, są rozpoznawane społecznie lub łamią się z normami i często prowadzą do zmian. Taniec rozwija się duchem czasu i może być głęboko wzruszający. Wywołuje stany emocjonalne i wspiera rozwój poczucia wspólnoty. Uczucia stają się wyraźne i zyskują miejsce w miejscu, którym potrafią się wypowiadać.

Taniec jest wyrazem (formą) własnej osobowości. To toruje drogę rozwoju potencjału twórczego i odkrywania indywidualnych możliwości.

Taniec Qigong łączy doświadczenia powtarzalnych form ruchu z własnymi ruchami, tańcem swobodnym do którego należy zetkniecie wewnętrzne w tańcu bez specyfikacji ruchu. Wyrażane są spontaniczne impulsy, które wywodzą się z oferowanego tematu nauczania. Relacje między ruchem a wzorcami zachowań w kontaktach z innymi osobami oraz eksperymenty z innymi obrazami mogą być zmieniane. Po pierwsze, należy stworzyć podstawę, następnie „odkryć na nowo" wizje i cele, aby aktywnie połączyć je z własnymi doświadczeniami. Jednocześnie nacisk kładzie się na zajmowanie w pierwszym planie własnymi tematami.

Wyrażenie emocji jest zdeterminowane przez doświadczenie różnych osób z metaforami zwierzęcymi. To przede wszystkim niedźwiedź, który jest silny i atakuje, żuraw stojący na jednej nodze, tygrys, który otwiera paszczę i wąż, który dotyka. Możemy wykorzystać „siłę zwierząt" i poznawać motywy własnego zachowania.

Tematyka współczesnego życia staje się oczywista. Ciało jako brama duszy może szybko sprawić, że to co jest schowane i ukryte, może być widzialne. Przy tym możemy się też spotkać z „zakazanym" i „zapomnianym".

Na przykład motyw żurawia może również tworzyć wdzięk. Można doświadczyć lekkości i rozgraniczenia. Ale także w obawie przed pokazaniem się i dbałością o piękno życia może otworzyć otchłanie. W przypadku tańca Olgong rozchodzi się także o integracje zapomnianych nawyków. Warunkiem wstępnym jest wprowadzenie percepcji własnej postawy. Muzyka wspiera ruch i pomaga wprowadzać się w różne nastroje.

Zalotne i bojowe aspekty znajdą swoje miejsce. Poznanie i emocjonalna nauka osiągana i podpierana jest poprzez ruch. Umożliwia to wzrost i dojrzewanie. Różnorodność doświadczeń w tańcu Qi-gong i odpowiedzialności dla konstruktywnego i destrukcyjnego współdziałania z samym sobą i z innymi tworzy wolność, zarówno wewnętrznie jak i na zewnętrznie. W ten sposób doznajemy uzdrawiania jak i procesu pojednania.

# O MUZYCE Z CZTEREMA OBRAZAMI ZWIERZĄT

Następny tekst napisał muzyk i trener  z Wiednia Christoph Schwarz , który towarzyszy mi osobiście na moim seminarium z jego muzyką  już od wielu lat. Poprzez intensywną współpracę powstały dla wszystkich współpracujących bardzo bogate Momenty , ponieważ atmosfera zamieniała się bezpośrednio w muzyką.

Muzyka i dźwięk pochodzą z ruchu odtwarzacza oraz treści dźwięku . Dzieje się to pomiędzy przestrzenią wypełniając i przekraczając granice pomiędzy wnętrzem i  zewnętrzem . Dźwięki wytwarzają atmosferę i kształtują przejścia. Są one używane od niepamiętnych czasów do przekazywanie między stroną wewnętrzną i zewnętrzną między pojedynczymi grupami, pomiędzy ludzkością i bogami, między niebem i ziemią. Podobny do języka ciała i języka słowa jest on nośnikiem dźwięku wywołując połączenia. Dźwięki tworzą przestrzenie i mogą zmienić jakość atmosfery wewnątrz i na zewnątrz swoje miejsce.

Muzyka i dźwięki są ulotne i zawsze prowizoryczne. Nie zatrzymują się i szybko przebrzmiewają. Mogą one jednak odbijać się echem i pogłębiać swój efekt za pomocą ruchu.

Dlatego oczywiste jest, że muzyka jest wykorzystywana jako wsparcie i „wzmacniacz" w celu wzbogacenia procesów doświadczalnych takich jak np. w pracy „z siłą czterech zwierząt".

Dla muzyka ważne jest, aby wziąć pod uwagę różne aspekty pojedynczych obrazów zwierząt i ich analogie przetłumaczyć na dźwięk żeby stworzyć przestrzeń, w której uczestnicy będą mogli przeżyć indywidualną podróż doświadczalną.

# KWINTESENCJA

W kwintesencji w dużym stopniu najważniejsze jest aby wzbudzić wyraz. Pierwotnie oznaczało to po łacinie ten 5 Elemet . Arystoteles nazwał tą wysoką jakość Äther (eter) w języku indyjskim Äther (eter) jest centrum wysokiej energii i przestrzeni, w którym wszystko jest połączone. W starożytnych Chinach stała się ona kompleksową koncepcją siły Qi.

Kwintesencja tańca Qigong jest połączeniem podstawowych właściwości tych czterech zwierząt. Z nimi kojarzymy zalew archetypowych obrazów - kilka podstawowych motywów.

Archetypy (C.G. Jung) są w kolektywnej i indywidualnej podświadomości zakodowane obrazy na podstawie egzystencjalnych doświadczeniach ludzkości np. narodziny, życie i śmierć, zdrowie i choroby. Reprezentują one również tęsknoty, fantazje, lęki i strategie radzenia sobie. Pojęcie (nazwa) Archetypus wywodzi swoje korzenie językowe z greckiego i oznacza pochodzenie i wzór (archè), przykład, pierwowzór (typos).

Obrazy są tak stare, jak ludzkie systemy społeczne i przynoszą każdemu efekty. Opierają się one na doświadczeniach , przekazach i tradycji naszych przodków oraz łączą się one z naszymi własnymi pomysłami. C.G. Jung był zdania że w przekazach i tradycji wszystkich kultur są duże podobieństwa symboli i obrazów. Z tego wywnioskował tezę, że w ludzkości znajduje się pierwotny wzór, który sięga aż do początków ludzkości.

Archetyp sam w sobie nie jest ani pozytywny, ani negatywny. Uświadamia ludzi, że wszystkie wzorce zachowań ludzkich są do naszej dyspozycji i możemy z nich korzystać w sposób przyjazny dla życia.

Symbol „połączenia nieba z ziemią" w którym rozciągające się ku górze ramiona z mocno zakotwiczonymi nogami można odnaleźć już w prehistorycznych malowidłach jaskiniowych i malowidłach skalnych. Jest to człowiek pierwotny który wtedy, tak jak i dzisiaj, był fundamentalny, radził sobie dobrze z codziennością oraz nosi w sobie instynkt ponadczasowych integracji wszystkich aspektów których można doświadczyć.

Ćwiczenie „Łączenia nieba z ziemią" w jego przeniesieniu symbolizuje to co podstawowe: potrzebę ludzką dla bezpieczeństwa i ochrony a także wzrostu i dojrzewania. Równowaga pomiędzy tymi energiami jest zadaniem i celem w każdym momencie naszego życia. Oznacza to odpowiedzialność dla własnej postawy i przejęcia działań. Cztery zwierzęta towarzyszą nam w swoich cechach, z kojarzącymi czterema poziomami komunikacji.

Wejście tego w rezonans oznacza skoncentrowanie się na istocie życia, a mianowicie napięcie pomiędzy rzeczywistością i wizją ażeby pomiędzy zachować elastyczność przyjazności życia.

# PODZIĘKOWANIE

Wiele osób popierało mój projekt tej książki w jej genezie. Po latach dojrzewania nabyła ona obecny kształt. Chciałabym za to wszystkim osobom podziękować. Najpierw mojemu bratankowi Volker Agüeras Gäng z Berlina. Pepe Pazzerello za pomocne impulsy twórcze i układ graficzny księgi. Serdeczne dziękuję również Mairze Frisch, która dała mi decydujący impuls ażeby dalej kontynuować.

Wielkie podziękowanie złoże również Sandrze Kurschat za jej zaangażowanie i tłumaczenie. Dziękuję również Bianca Engeln, Christian Matheis, za przeczytanie książki i wniesienie cennego wkładu poprzez wskazówki. Zdjęcia zrobił Gert Eichberger, Jo Fahl, Thomas Hansmann, Wilhelm Junker, Jana Wippermann.

Rysunki są autorstwa Kerstina Michelsa. Dziękujemy również Malteowi z klubu „Silnych chłopców" („Club der starken Jungs") w Wezerbogen za symbol „połączenia nieba z ziemią". Dziękuję Stefanowi Pommerowi za kolaż zdjęć zwierząt, i Christianowi Kolletzki za jego inspiracje. W końcu składam wielkie serdeczne podziękowania mojemu mężowi Steve, który opracował początek i koniec tej książki w sposób krytyczny, pogodny i opanowany.

# MUZYKA - DVD – KSIĄŻKI

**POLECENIA MUZYCZNE:**

MIT DEN VIER TIEREN BEWEGEN
Christoph Schwarz, Wien 2014

QIGONG DANCING
Steve Schroyder & AlienVoices
2012 OXOZmusic, Irina Sheba Music

**DVD:**

QIGONG DANCING – DER TANZ MIT DER LEBENSENERGIE
Warner Vision, 2000

ANGEWANDTES QIGONG - LONG PING
Eigenvertrieb, 2017

QIGONG DANCING
The Exercises

Wszystkie artykuły są dostępne  online w sklepie Planetware:
**www.planetware.de**

**POLECANA LITERATURA :**

KRAFT DER VIER TIERE ENTDECKEN
Angewandtes Qigong zur Begleitung in Alltag, Therapie
und Training
ISBN-13: 9783744819619
Gertrud Schröder - Long Ping

DISCOVER THE ENERGY OF THE FOUR ANMALS
Theory and pracise of Qigong Dancing
ISBN-13: 9783746036847
Gertrud Schröder - Long Ping

Wszystkie artykuły są dostępne  online w sklepie Planetware:
**www.planetware.de**

FriedlicherDrache.de